DES FÊTES

D E

NOTRE-DAME DE LA TREILLE,

Par M. le Comte DE MELUN.

NOTICE LUE A L'ASSOCIATION LILLOISE

LE 8 MARS 1854.

L'année dernière, à pareille époque, a dit l'honorable orateur, en racontant devant vous, Messieurs, les traditions religieuses et populaires de notre cité, je vous rappelai la collégiale de Saint-Pierre et l'image de Notre-Dame de la Treille, *cette étoile de la Flandre* qui y brilla pendant tant de siècles. En présence des souvenirs glorieux qui se rattachaient à l'ancienne basilique, et des touchantes impressions que réveillait parmi nous le culte renouvelé de la patronne de Lille, je ne pus m'empêcher de mêler à de profonds regrets de pieuses espérances et, sur les débris même disparus de l'antique édifice, d'élever

"

par la pensée un temple nouveau au prince des apôtres et à Celle qui avait été si longtemps la protectrice et la mère de nos populations.

Ce vœu émis par ma faible voix avait trouvé de l'écho dans vos cœurs. Bientôt, protégée par le souvenir du grand archevêque que nous avons tous regretté, et par les encouragements même du Souverain-Pontife, qui, du lieu de son exil (1), avec la double autorité de la puissance qu'il tenait de Dieu et du malheur qu'il devait aux hommes, avait recommandé d'avance cette belle œuvre, elle a germé sur un sol fertile. Les bonnes volontés, si nombreuses dans notre ville, l'ont avidement accueillie ; consacrée par la parole d'un orateur chrétien (2) et la bénédiction de notre premier pasteur, elle a trouvé place à travers tout ce que la religion et la charité édifient au milieu de nous, et les adhésions qu'elle a rencontrées ont prouvé que les habitants de Lille étaient encore dignes de voir surgir les monuments de la foi et de la libéralité de leurs pères, puisqu'ils n'avaient pas dégénéré de leur piété et de leurs saintes largesses. Cet élan admirable a dû s'arrêter devant la misère des temps. Avant de songer à bâtir la maison du Seigneur, il fallait que les pierres vivantes du temple, ceux que nous considérons comme les membres mêmes de notre Dieu, fussent arrachés aux rigueurs du froid et de la faim. Chacun a porté vers l'indigent l'aumône qu'il destinait au sanctuaire, et ce retard, agréable à Celui que nous secourons dans la personne des pauvres, ne peut que

---

(1) Lettre de Sa Sainteté Pie IX à Mgr le cardinal Giraud, datée de Gaëte le 26 mars 1849.

(2) M. l'abbé Combalot.

porter bonheur à une œuvre qui a voulu, pour ainsi dire, faire elle-même la charité. Aussi, nous sommes heureux de le proclamer, le projet n'a subi qu'un ajournement, le zèle, pour avoir été contenu, n'en sera que plus généreux, et cette année même, le sixième jubilé de Notre-Dame de Lille, verra, nous en avons l'espérance, poser la première pierre de l'édifice sacré qui ranimera les traditions d'un autre âge, et reliera la ville moderne, asile des sciences et des arts, honneur de l'industrie nationale, boulevard de la France, avec l'antique cité de la Vierge.

J'ai donc cru, messieurs, puisque j'avais entrepris l'histoire de nos fêtes civiles et religieuses, qu'il convenait aujourd'hui de vous entretenir de celles qui se sont succédées à Lille en l'honneur de Notre-Dame de la Treille. Reproduites chaque année depuis 1269 jusqu'en 1792, il serait impossible de vous exposer en détail leurs variétés et leurs magnificences. Je me contenterai de citer celles qui se rattachent à quelque fait historique, ou empruntent à des circonstances spéciales une plus grande solennité. Si le choix d'un pareil sujet paraît trop sérieux, l'époque où nous sommes et l'anniversaire qui se prépare lui donnent un à-propos qui me justifiera devant vous. Je serais heureux si les exemples mis rapidement sous vos yeux réveillaient le goût de ces belles cérémonies et surtout l'esprit qui les animait.

Vous savez tous, Messieurs, que le culte de Notre-Dame remonte au berceau de la ville. Vous connaissez la grâcieuse légende de *Lydéric,* le premier forestier de Flandre, désigné, même avant sa naissance, comme le vengeur de son père victime d'un tyran et le fondateur de la grande cité. Il y a moins de deux ans, dans une fête qui, à défaut du caractère religieux qu'y auraient cherché nos ancêtres, présentait le mérite de la charité, vous avez salué, aux pieds du château *du Buc*, *l'hermite, l'enfant et sa biche,* célèbres dans nos annales. Vous vous êtes également inclinés devant Bauduin-le-Pieux, surnommé Bauduin *de Lille*, parce qu'en élevant la collégiale de St-Pierre et y plaçant l'image vénérée de Notre-Dame de la Treille, il parut, aux yeux des peuples alors pleins de foi, poser les solides fondements sans lesquels travaillent en vain ceux qui bâtissent et gardent les cités. La dédicace de l'église eut lieu en 1066, en présence du comte de Flandre, du jeune roi de France, Philippe Ier, son pupille, et de tout ce que le clergé et la chevalerie comptaient de plus respectable et de plus glorieux. Les reliques des saints et des martyrs, qui avaient apporté l'Evangile sur la terre de Flandre, y figuraient en grande pompe, et le peuple, émerveillé, voyait avec transport les puissances du ciel et de la terre se donner la main pour embellir l'auguste cérémonie.

Le temps, qui détruit toutes les choses humaines, ne fit qu'accroître l'éclat et répandre au loin le renom du sanctuaire chéri des habitants de Lille. La vertu, le repentir et le malheur s'y trouvèrent plus d'une fois confondus. Thomas de Cantorbéry le visita aux jours de son exil. Le pape Anaclet, fuyant une persécution injuste, vint y chercher un refuge. C'est là que saint Bernard fit entendre quelques-unes de ses touchantes et sublimes homélies, et que le roi Louis IX puisa la sagesse et la grandeur d'âme qui en firent un saint et un héros. Mais personne n'y trouva plus de force et de consolation que Jeanne de Constantinople, la bonne comtesse, notre *grande aumosnière*, qui a laissé les beaux monuments de sa piété et de sa charité vivants encore au milieu de nous, cette femme tant éprouvée comme fille, épouse et souveraine, dont on ne saurait dire si elle a mérité plus d'éloges par ses vertus que de pitié par ses malheurs.

Les misères de tout genre qui assaillirent à cette époque les peuples et les souverains n'épargnèrent pas l'église et la chapelle qui était comme l'âme de la cité. — La collégiale fut détruite par l'incendie, qui, deux fois sous Philippe-Auguste, avant et après la bataille de Bouvines, si fatale aux Flamands, consuma la ville entière. Elle commençait à sortir de ses ruines, et les chants de reconnaissance succédaient aux gémissements de la douleur devant la sainte image, lorsqu'en 1254, le dimanche qui suivit la Fête-Dieu, des miracles éclatants dont l'histoire a gardé le souvenir, donnèrent un nouvel aliment à la dévotion populaire. Une confrérie où se firent d'abord inscrire Marguerite, comtesse de Flandre, et Guy de Dampierre, son fils, ouvrit ses vastes registres au peuple tout entier. Cette pieuse association, enrichie des trésors de l'Eglise, a traversé les siècles jusqu'à l'époque où tout fut bouleversé en France, et la révolution de 93, en déchirant ses pages, a côté des nobles titres des seigneurs et des ducs, des rois et des empereurs, fit disparaître les noms bien autrement nombreux des petits et des pauvres, qui y trouvaient un secours plus assuré que dans les théories *fraternelles* inaugurées dans le sang.

La première procession n'eut lieu qu'en 1269. Mais le souvenir des miracles de 1254 et de la confrérie, origine de ces fêtes religieuses, firent remonter à cette époque la date de leur institution. Cet anniversaire fut célébré dans chaque siècle, et c'est encore le 25 juin 1854 que le sixième jubilé séculaire doit nous réunir, non plus dans le même édifice, mais aux pieds du même autel.

Marguerite prescrivit, par une charte spéciale, que la procession ferait le tour de la ville chaque année par telles voies que les rewarts et échevins ordonneront, devant commencer le jour que notre sire Dieu, en l'honneur de sa très-chère Mère, a fait de si glorieux miracles devant l'image que l'on appelle Notre-Dame à la Treille, en l'église St-Pierre, et doit durer par neuf jours continuants. La comtesse octroie en outre à tous les pélerins, en l'honneur de *la douce Vergene Marie*, sauf-conduit pour n'être pas arrêtés pour dettes ou autres choses, s'ils ne sont bannis pour crimes.

Le cortége sortit à onze heures du matin par la porte Saint-Pierre et rentra à trois heures, après avoir fait le tour de la ville, alors peu étendu. Deux échevins marchaient en tête. Les corps de métiers, ces associations laborieuses aussi utiles à l'ouvrier, qu'elles protégent contre les dangers de l'isolement, qu'à la société qui y trouve un gage de sécurité, suivent avec leurs bannières, nombreuses et variées. Les archers et arbalétriers, aux armures brillantes ; les confréries et ordres religieux, dont le costume sévère contraste avec l'éclat qui les environne ; le clergé, revêtu de ses plus beaux ornements, et toute la bourgeoisie en habits de fête précèdent la châsse magnifique appelée *la Bonne Fierte*, ornée par les soins des magistrats, qui portent eux-mêmes le dais au-dessus d'elle. La statue sauvée du terrible incendie de 1213 partageait ces honneurs. Elle était accompagnée du bailli de Lille et des personnages les plus éminents. Une foule innombrable, les uns nus pieds, les autres pauvrement vêtus par humilité, suivaient dans le plus grand recueillement la procession, qui se renouvela neuf jours de suite sans que le zèle des habitants se ralentît.

Plus tard, la route parcourue s'étendit encore, et un grand nombre de pèlerins, venus de tous pays, augmentaient leur fatigue par l'austérité du jeûne. La nuit même ne pouvait mettre obstacle à la ferveur populaire. Pendant les neuf jours, l'église résonnait de chants sacrés jusqu'à une heure très avancée, et le matin, dès les premiers rayons du soleil, la foule se pressait aux portes du temple qu'elle n'avait quitté qu'à regret.

A une certaine époque, un souvenir de sang et d'expiation se mêla à ces pompes pacifiques. Un habitant de Cysoing (1), poursuivi pour un meurtre, se réfugia dans la chapelle de N.-D. de la Treille. C'était alors un lieu sacré où le criminel lui-même trouvait un asile. Dans ces temps de violence, l'Eglise avait voulu mettre un frein à la colère, et, laissant ainsi place à la réflexion, elle parvenait souvent à sauver l'innocence ou à détourner du coupable repentant un châtiment qui aurait eu plus le caractère de la vengeance que de la justice.

Le seigneur de Cysoing, assisté du bailli de Lille, ne tint pas compte de cette barrière sacrée. Enfonçant les portes de la collégiale, il se précipite à la tête de ses hommes d'armes sur le malheureux réfugié dans le sanctuaire, le blesse et le fait entraîner de vive force par ses soldats, malgré les protestations des chanoines et les efforts des clercs et chapelains qu'ils frappent et maltraitent violem-

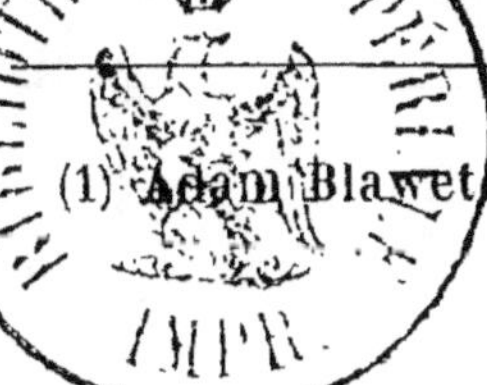

____

(1) Adam Blawet.

ment. Puis, après avoir promené leur victime dans le cloître et autour du cimetière, comme pour insulter de nouveau à la sainteté du lieu, ils le ramènent dans l'église, où ils l'accablent de nouveaux outrages, et le traînant à demi mort au gibet de la ville, ils le pendent sans avoir observé les moindres formes, souvent très sommaires, de la justice du temps. La comtesse Marguerite, saisie de cette affaire par la plainte du chapitre, procéda avec plus de lenteur. L'arrêt ne fut rendu qu'après une instruction minutieuse. Il privait à perpétuité le bailli de Lille (1) de ses fonctions, et ordonnait que ce magistrat et ses complices, *eschevelés et pieds nus*, rapporteraient dans la collégiale le corps du supplicié, où le sire de Cysoing, la tête découverte, le recevrait avec tous les signes de deuil et de repentir, et que ce seigneur et ses descendants seraient tenus de garder la procession de Notre-Dame en cottes rouges et à cheval; ce qui le fit désigner par le peuple sous le nom de *Chevalier-Rouge.* Cet humiliant usage fut conservé jusqu'à ce qu'il eût été racheté par la famille des seigneurs de Cysoing.

Nous devons abréger un récit qui ne manquerait sans doute pas d'intérêt puisqu'il se rapporte aux nombreux événements qui ont tour à tour affligé et réjoui la Flandre; mais nous ne voulons pas écrire l'histoire entière de Lille qui se résumait, pour ainsi dire, dans ces cérémonies nationales. Nous ne ferons qu'indiquer le règne de Philippe-le-Bon, duc de Bourgogne, l'un des princes les plus puissants et les plus accomplis de son temps, qui

____

(1) François Deledeule.

acheva la collégiale ruinée par un nouvel incendie, et rétablit la chapelle de Notre-Dame où il fit élever le tombeau magnifique de Louis-le-Mâle, l'un de ses prédécesseurs. C'est dans cette enceinte, qu'en 1431, il tint le premier chapitre de l'ordre de la Toison-d'Or, dont un historien moderne (1) a pu dire avec raison : Que les statuts étaient le plus beau code d'honneur et de vertu chevaleresque. Dans la prévision d'une croisade qu'il méditait alors, les chevaliers, au nombre de vingt-quatre, étaient, suivant les paroles que le duc prononça lui-même, « agréés pour compagnons d'une guerre sainte et illustre et aux plus hautes entreprises à qui la foy et la piété les obligeaient. »

En 1634, une circonstance peu importante mit en relief la confiance des Lillois envers leur patronne. Des embellissements faits à la chapelle (2) néccéssitèrent le déplacement de la statue ; lorsqu'on dut la remettre, les magistrats et le chapitre de Saint-Pierre crurent satisfaire au vœu unanime de leurs concitoyens en consacrant solennellement la ville de Lille à N.-D. de la Treille. Le Rewart et les Eschevins, précédés de toute la jeunesse des écoles, retraçant sur des écussons les emblêmes des litanies de la Vierge, se rendirent en robes rouges de l'hôtel-de-ville à la collégiale. On portait devant eux une bannière d'un merveilleux travail, représentant la cité de Lille protégée par Notre-Dame, avec cette inscription latine et française :

---

(1) Mme de Barante, Hist. des ducs de Bourgogne.

(2) Ce fut une pieuse dame, nommée Jeanne Ricart, qui fit cette décoration à ses frais.

« L'habitant de Lille dira : Voilà notre espérance ! » (1). De l'autre côté se lisaient ces mots : « Le magistrat et le peuple consacrent Lille à N.-D. de la Treille. 1634. » A l'offertoire de la messe, célébrée en grande pompe, les magistrats déposèrent sur l'autel les clés de la ville, et la bannière remise au chapitre figura désormais dans toutes les processions. La fête fut terminée le soir par une illumination générale ; sur la place, un immense candélabre, portant une fleur de lys, armes de la ville et emblême des vertus de Marie, soutenait autant de cierges que Lille renfermait de rues, places et carrefours, et éclairait ces paroles devenues sa devise : « Lille, cité de la Vierge. *Insula civitas Virginis.* »

Les pèlerinages des différentes villes qui voulurent se placer sous la même invocation mériteraient une description qui nous entraînerait trop loin, L'histoire nous a conservé les détails de la consécration de Tournai en 1659. Rien de plus touchant que le spectacle de ces masses d'hommes, de femmes et d'enfants à pieds, à cheval, quelques-uns même en chariots par suite de leur âge ou de leurs infirmités, marchant avec leurs pasteurs et leurs magistrats en tête, au chant des cantiques et des hymnes sacrés, s'arrêtant partout ou une croix attirait leurs hommages, grossie à chaque pas par les populations rurales entrainées par leur exemple, et arrivant dans une ville étrangère, où ils étaient reçus comme des frères et des amis. C'était pour tous un beau jour, et chacun se disputait le bonheur de donner aux pèlerins une hospitalité

---

(1) *Dicet habitator insulæ hujus : hæc est spes nostra.*

chrétienne. On se réunissait à l'autel de la Vierge, où des présents étaient offerts comme jadis par les rois Mages, l'acte de consécration était prononcé, on priait ensemble, et les nouveaux confrères regagnaient dans le même ordre et le même recueillement le toît paternel, rapportant avec eux cette consolante pensée qu'ils avaient acquis sur la terre quelques amis de plus, et dans le ciel une mère plus tendre et plus dévouée.

Nous ne saurions oublier ce qui se passa en 1709, lorsque les alliés, vainqueurs de Louis XIV, envahirent Lille, après le siége mémorable soutenu par le maréchal de Boufflers. La présence des armées protestantes n'empêcha pas les processions de parcourir la ville et de s'arrêter au reposoir élevé, suivant l'usage, auprès du corps-de-garde de la Grande-Place, occupé alors par des soldats hollandais. Nos pères, sous un joug étranger et une puissance hérétique, avaient obtenu ce qui, sous une autorité catholique et française, nous fut si longtemps refusé. Les magistrats avaient fait vœu pendant le siége d'instituer une procession spéciale si la ville était préservée du pillage. Elle eut lieu en 1713, quand Lille fut rendue à la France. Ce n'était pas une petite faveur, après tant de siéges et de batailles, après avoir changé si souvent de maîtres et de drapeaux, de ne pas avoir dû subir les horreurs de la guerre.

Nous arrivons ainsi au dernier jubilé séculaire de 1754. Si, pendant les cinq siècles écoulés depuis les premiers miracles, bien des circonstances diverses avaient agité la cité de la Vierge sans altérer sa confiance, que dira-t-elle des événements survenus dans le siècle que nous voyons finir? Sans doute, il y a cent ans, nos pères devaient célébrer avec enthousiasme l'anniversaire qui leur rappelait une protection non interrompue à travers tant de vicisssitudes et d'années ; mais quels ne seront pas, en 1854, les transports de ceux qui renouvelleront ce jubilé mémorable après des désastres inouïs qui n'avaient pas seulement renversé les murailles du sanctuaire par la guerre ou l'incendie, mais qui, en abolissant les autels de Dieu lui-même, en dispersant ou maltraitant ses serviteurs, avaient proclamé sa déchéance et banni son culte de la France entière ?

Montrons par quelques détails comment en 1754 les Lillois ont témoigné leur reconnaissance ; c'est un modèle qu'il serait honteux, je ne dis pas d'abandonner, mais même de ne pas dépasser aujourd'hui : la gratitude doit être proportionnée aux bienfaits.

Cette procession avait su réunir tout ce qui pouvait agir sur le cœur et l'imagination des enfants de Notre-Dame de Lille. L'Ancien et le Nouveau-Testament, les traditions païennes elles-mêmes, qui se rapportaient à la gloire de Marie, les pontifes, les rois, les princes, qui avaient favorisé son culte, y furent convoqués. Un ange ouvrait la marche, et annonçait, par des paroles tirées des saintes Écritures, le merveilleux spectacle qui allait frapper les regards. Puis venaient les Sybilles, proclamant, au milieu des ténèbres du paganisme, les louanges de Celle de qui devait naître la lumière du monde. Leurs costumes, empruntés aux nations les plus célèbres de l'antiquité, les prodiges qu'elles prédisaient, semblaient l'hommage de l'univers s'inclinant, même avant la naissance du Christ, devant Celle qui serait appelée la Mère de Dieu et des hommes.

Un char, représentait Moïse montrant sur le mont Horeb, le buisson symbolique ; un autre, couvert de lys, était en même temps l'emblême de l'antique monarchie française et des vertus de la Vierge.

Des groupes d'anges soutenaient l'ancien livre de la confrérie, entourée des noms et armes des villes et des provinces, des souverains et des seigneurs qui s'y étaient associés. On remarquait dans le cortége les pèlerins de Tournai, sur un char magnifique, avec la date de 1659 où la ville s'était consacrée à Notre-Dame de la Treille.

Les figures historiques de Flandre, Marguerite, Guy de Dampierre, Philippe-le-Bon et ses chevaliers, et tant d'autres ornés de leurs brillants costumes ou de leurs riches armures, les papes, les cardinaux et les évêques revêtus de leurs habits pontificaux, les magistrats de la ville, illustres par leur piété envers Notre-Dame, aux vêtements plus sévères, passaient successivement devant la foule partagée entre la piété et l'admiration, et ressuscitaient devant elle les hommes et les faits écoulés. Les bannières de la ville et du chapitre et l'étendard offert en 1654 précédaient le char, qui portait les reliques et l'image de Notre-Dame environnée de *la treille*, et fermait ainsi le cortége des siècles rendant hommage à la patronne de Lille.

Il faudrait maintenant, pour terminer cette notice, raconter les scènes funèbres qui ont envahi ces lieux témoins de tant de magnificence. Mais je veux écarter de lugubres souvenirs, et je ne citerai une date, que nous voudrions tous effacer de notre histoire, que pour rappeler le célèbre siége de 1792, où Lille chrétienne invoquait encore le nom de Marie. Elle attribua alors à l'antique patronage de Notre-Dame de la Treille la délivrance de deux fléaux qui la menaçaient : l'invasion étrangère et les échafauds de la révolution.

La collégiale ne put cependant échapper à la ruine; la statue seule, consacrée par Baudouin, de Lille, ne devait pas périr. Un chrétien fidèle (1) la reconnut gisante, au milieu des débris du temple, l'obtint à prix d'argent et la cachant avec une pieuse sollicitude pendant la terreur, la remit à l'église de Sainte-Catherine, dès qu'il fut permis à la France, d'adorer Dieu. Son apparition fut saluée par les transports du petit nombre resté fidèle! Mais ce fut seulement en 1842, grâces aux soins d'un enfant de la cité (2), que le culte de Notre-Dame de la Treille fut réellement rétabli. Une chapelle digne de lui servir d'asile, reçut l'antique image, et depuis ce moment que de prières ferventes s'élevèrent au ciel, que de faveurs signalées en descendirent !

L'ancienne confrérie rouvrit ses registres, un ordre fut fondé sous ses auspices pour soigner les pauvres et les malades, alliance bien naturelle de la piété envers la mère et de la charité pour les enfants. Bientôt les processions, interdites pendant plus de vingt années, parcoururent notre ville mieux décorée encore par la ferveur de sa population entière que par les riches ornements qui tapissaient ses rues. Enfin, nous sommes à la veille de voir le jubilé séculaire de Notre-Dame de Lille revivre au milieu de nous avec plus d'éclat peut-être que dans les temps de foi déjà

---

(1) *Alain Gambier.*

(2) *M. l'abbé Bernard,* vicaire-général, alors curé-doyen de la paroisse Ste-Catherine.

si éloignés, et la vieille basilique sortir de ses ruines plus glorieuse et plus vénérée que jamais.

Si les Lillois de 1754 n'avaient pu prévoir les désastres de la fin de leur siècle, ceux qui ont vu commencer le nôtre, devaient-ils espérer que 1854 offrirait un pareil spectacle?

Messieurs, l'année dernière, je vous invitais à vous associer à une religieuse pensée qui, à cette heure, est déjà plus qu'une espérance : votre zèle et votre générosité ont répondu à cet appel. Aujourd'hui, en vous remerciant de votre attention favorable, je vous invite au jubilé séculaire. Héritiers des solennités nationales que j'essayai d'esquisser devant vous, c'est encore à votre zèle que je m'adresse ; lui seul peut imprimer à cette fête le caractère de piété et de grandeur qui convient aux souvenirs qu'elle retrace, à la ville qui la célèbre, à celle qui en reçoit l'hommage. Puisse votre exemple être aussi proposé un jour comme modèle à vos enfants, non pas sans doute devant un auditoire plus bienveillant et plus attentif, mais par une voix plus digne et plus exercée.

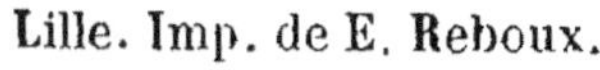

Lille. Imp. de E. Reboux.

9 782013 038973